Richard Deiss

Die schönsten Fachwerkhäuser in Hessen

Meine Liste der 77 schönsten Fachwerkhäuser Hessens

Impressum

Autor: Richard Deiss
Cover: Richard Deiss

Kontakt: richard.deiss@gmail.com

Verlag: BoD · Books on Demand GmbH,
                    Überseering 33, 22297 Hamburg,
                    bod@bod.de
Druck: Libri Plureos GmbH,
                    Friedensallee 273, 22763 Hamburg

ISBN: 978-3-7693-0134-2

Vierte Auflage 2025, Originalausgabe

Bibliografische Information der Deutschen Nationalbibliothek
Die Deutsche Nationalbibliothek verzeichnet diese Publikation in
der Deutschen Nationalbibliografie; detaillierte bibliografische
Daten sind im Internet über http://dnb.d-nb.de abrufbar

Inhaltsverzeichnis

Vorwort

Ich bin ein Städte-Vielreisender und habe in Deutschland bereits alle 2047 Städte besucht, darunter alle 191 Städte Hessens. Nach einer Buchreihe zu Denkmälern in Städten, welche ich seit Juni 2022 publiziert habe, erinnerte ich mich, dass ich in den besuchten Städten auch immer wieder interessante Fachwerkhäuser fotografiert hatte. So beschloss ich im Frühjahr 2023, ein Buch zu den 100 beeindruckendsten von mir besuchten Fachwerkhäusern zu publizieren. Obwohl der Westen im Buch mit fast 40 Gebäuden vertreten war, musste ich etliche schöne Fachwerkhäuser dieser Region weglassen. Deshalb beschloss ich, einen eigenen Band zu den vier Bundesländern Nordrhein-Westfalen, Rheinland-Pfalz, Saarland und Hessen zu publizieren. Nach weiteren Reisen ergab sich die Notwendigkeit einer weiteren Aufspaltung. Nach der Publikation eigener Bände zu NRW (100 Fachwerkhäuser) und Rheinland-Pfalz (80) enthält der vorliegende Band die wichtigsten Fachwerkhäuser in Hessen. Zu den 77 schönsten Fachwerkhäusern kommen dabei 23 weitere, plus 25 in Tabellen kurz vorgestellte, um die runde Zahl von 100 bzw. 125 Gebäuden in Hessen (und 300 für die vier westlichen Bundesländer) zu erreichen. Mit weiteren Reisen und Entdeckungen wird sich die Liste auch immer wieder ändern. Eine gelungene Sanierung kann aus einem Gebäude auch ein Schatzkästlein machen, während Vernachlässigung im Laufe ein Gebäude unansehnlich machen kann. Die Arbeit am Büchlein hat mir geholfen, besuchte Fachwerkhäuser nochmal in Erinnerung zu rufen und neu gesehene aufmerksamer zu betrachten.
Ich freue mich, wenn das Buch LeserInnen findet, die es lehrreich und unterhaltsam finden. Vielleicht werden LeserInnen auch angeregt, das eine oder andere Fachwerkhaus selbst in Augenschein zu nehmen.

Viel Spaß beim Lesen und dem Betrachten der Fachwerkhäuser.
Isny im Oktober 2025
Richard Deiss

Einleitung

Hessen ist reich an hübschen Fachwerkstädten. Wichtige und große Fachwerkaltstädte, wie die von Frankfurt am Main und Kassel gingen zwar durch Kriegszerstörungen verloren, aber in vielen kleineren Fachwerkstädten blieb das Stadtbild mit Fachwerkhäusern erhalten. In Frankfurt kam es zudem in den letzten Jahren zu einer Rekonstruktion von Teilen der Altstadt. In den 1980ern wurde die Ostzeile des Römerbergs rekonstruiert, von 2012-2018 folgte die Altstadt zwischen Römer und Dom. Kassel dagegen hat in der Innenstadt heute keine Fachwerkhäuser mehr. In allen Landesteilen gibt es kleinere Städte mit erhaltener Fachwerkaltstadt. Im Norden des Landes sind sie teilweise besser erhalten und weniger von Nachkriegsarchitektur überformt, als in den südlicheren Landesteilen. Beispiele dafür sind etwa Fritzlar oder das wenig bekannte Fachwerkidyll Homberg an der Efze.

Im Buch enthalten	Gemeinden	Fachwerkhäuser		
		Insg.	**Top 77**	**Top 16**
Nordhessen	18	30 (+6)	20	4
Osthessen	3	6	4	1
Mittelhessen	18	30 (+7)	25	5
Südhessen	24	34 (+12)	28	6
Hessen	**63**	**100 (125)**	**77**	**16**

Frankfurt-Römerberg, Ostzeile (in den 1980ern rekonstruiert)

Nach dem Besuch von mehr als zwei Dutzend weiteren Städten, vor allem in Mittel- und Nordhessen (mittlerweile habe ich alle 191 Städte Hessens besucht), und vielen dort fotografierten Fachwerkhäusern, ergab sich recht schnell nach der ersten Auflage die Notwendigkeit einer Neuauflage. Um die besuchten Gebäude möglichst gut abzudecken, ist die Zahl der dargestellten Gebäude zudem von 120 in der dritten Auflage auf 125 gestiegen, 25 davon in Tabellenform. In der vierten Auflage sind vier Häuser in **Dreieichenhain**, zwei in **Bad Camberg**, eines in **Tann** und eines in **Trebur** dazugekommen. Gestrichen wurde das erst 1910 erbaute Rathaus von **Herbstein**, die Kaserne am Großen Berg in **Zwingenburg** sowie das Gasthaus Zur Armbrust in **Bensheim**. Hier ein Versuch, die Top-16 der Fachwerkhäuser Hessens aufzulisten.

Meine Top-16 der Fachwerkgebäude in Hessen ★ ★

Land	Top-16 Fachwerkgebäude in Hessen
Nord- und Osthessen (RB Kassel)	Bad Sooden-Allendorf, **Bürgersches Haus** 📄
	Frankenberg, **Rathaus** 📄
	Fritzlar, **St. Michaelis**
	Homberg/Efze, **Gasthaus Zur Krone**
	Fulda, **Altes Rathaus** 📄
Mittelhessen (RB Gießen)	Alsfeld, **Rathaus** 📄
	Bad Camberg, **Tiefenbach-Haus** 📄
	Kirchhain, **Altes Rathaus**
	Limburg, **Goldener Löwe**
	Neustadt, **Rathaus** 📄
Südhessen (RB Darmstadt)	Frankfurt, **Großer Engel** 📄
	Frankfurt, **Goldene Waage** 📄
	Idstein, **Schiefes Haus** 📄
	Idstein, **Killingerhaus** 📄
	Michelstadt, **Altes Rathaus** 📄
	Rüdesheim, **Klunkhardshof**

Gebäude in den Top-77 Hessen sind im Buch mit ★, solche, die zusätzlich in den Top-111 Deutschland mit ★ ★, Gebäude mit Wikipedia-Artikel mit 📄 gekennzeichnet.

1. Nordhessen

Nordhessen ist geprägt von zahlreichen Kleinstädten mit reicher, gut erhaltener Fachwerkarchitektur (das Bild zeigt als Beispiel Homberg an der Efze), während die Regionsmetropole Kassel ihre Altstadt und die entsprechende Fachwerkarchitektur durch den Krieg vollständig verloren hat. Wo früher die Kasseler Altstadt war, zeigt am Altmarkt der Zisselbrunnen auf Relieftafeln wichtige verloren gegangene Gebäude, darunter das bedeutende, auskragende Fachwerkhaus der Klosterstraße 11 und das turmreiche, 1408 erbaute, aber bereits 1837 abgerissene Rathaus am Altmarkt.

Relieftafel in **Kassel:** Klosterstraße 11; Marktplatz in **Homberg**

Führende Fachwerkstädte in Nordhessen

Stadt	Zahl der Fachwerkhäuser
Eschwege	1000 (mehr als)
Homberg/Efze	1000 (gesamtes Stadtgebiet)
Bad Sooden-Allendorf	600
Melsungen	450
Fritzlar	350
Wolfhagen	300
Spangenberg	220

Bürgersches Haus (1639) ★ ★ 📄

Das während des Dreißigjährigen Krieges errichtete **Bürgersche Haus** gilt als eines der schönsten Fachwerkhäuser Nordhessens. Auf drei fensterreichen, deutlich auskragenden Stockwerken sitzt ein Zwerchhaus Die Fassade zeigt ein strenges, geometrisches Fachwerkmuster mit zusammenlaufenden Fußstreben.

Adresse: Kirchstraße 29

Haus Eschstruth (1637) ★

Das **Haus Eschstruth** zeigt niedersächsisch geprägtes Fachwerk, zusammenlaufende Fußstreben und ein Portal mit vielen Details. Der Doppelerker und ein Zwerchhaus ergeben straßenseitig ein interessantes Bild. Wie das Bürgersche Haus ist auch das Haus Estruth noch während des Dreißigjährigen Krieges gebaut worden.

Adresse: Kirchstraße 59

Alte Bäckerei (1769)

Das Fachwerkgebäude am Fuße des Burgbergs, einst Sitz einer Bäckerei, verfügt über ein Zwerchhaus und eine schmuckvolle Hauseingangstür aus dem frühen 19. Jahrhundert. Das Eigentümerehepaar Jacobs hat 2017 für die vorbildliche Sanierung den Hessischen Denkmalschutzpreis bekommen.

Adresse: Obergasse

Eschwege

Eschwege ist eine der fachwerkreichsten Städte Deutschlands. Verschiedene Quellen geben eine Zahl von 1000 Fachwerkhäusern an. Damit stünde Eschwege nach Goslar und Quedlinburg an dritter Stelle Deutschlands.

Raiffeisenhaus (1679) ★ (▤)

Das vierstöckige Spätrenaissance-Fachwerkhaus mit der reich geschmückten Fassade mit bemalten Figuren am Eckständer ist das bedeutendste Fachwerkhaus der Stadt.
Von 1939 bis Kriegsende war es Sitz der NSDAP-Kreisstelle.

Adresse: Stadt 44

Kaufmannsgildehaus St. Michaelis (1475-1480) ★★

Am Fritzlarer Marktplatz fällt das zwischen 1475 und 1480 errichtete **Kaufmannsgildehaus St. Michaelis** durch seine Kubatur und das spitzige, schiefergedeckte Türmchen auf. Es war einst das Kontorsgebäude der Fernhändlergilde Michaelisbruderschaft, eine der ersten kaufmännischen Vereinigungen in Deutschland und älter als die Hanse. Die Platzverhältnisse bedingten einen sehr schmalen, aber auch tiefen viergeschossigen Bau, der die (ebenfalls sehenswerten) Nachbarhäuser (**Marktplatz 2** und **Marktplatz 6★**) überragt und von hinten angefahren werden konnte.

Adresse: Marktplatz 4

Haus Seibel (um 1480) ★

Das **Haus Seibel** in Fritzlar ist ein um 1480 durch eine Rats- und Patrizierfamilie im spätgotischen Stil erbauter Ständerbau (Balken über alle Stockwerke hinweg). Durch das hohe spitzbogige Eingangsportal konnte man einst mit dem Wagen in die Kaufhalle fahren. Die Passage beherbergt heute mehrere kleine Läden, darüber findet sich eine Arztpraxis. Im Erdgeschoss findet sich ein Restaurant.

Adresse: Marktplatz 22

Hochzeitshaus (1590) ★

Das **Hochzeitshaus** in Fritzlar wurde 1580 bis 1590 für Hochzeits-
feierlichkeiten erbaut und zeigt die einstige Bedeutung der Stadt,
denn es ist eines der größten Fachwerkhäuser Hessens. 2018-2022
wurde es für einen Betrag von über 3 Millionen Euro saniert und
beherbergt seit Sommer 2022 das Regionalmuseum mit einer Aus-
stellungsfläche von 2100 m². Seinem Namen macht es auch wieder
Ehre, denn mittlerweile sind wieder Trauungen im Hochzeitshaus
möglich.

Adresse: Am Hochzeitshaus 6

Rathaus (1513) ★ ★ 📄

Nachdem Brände zwei Vorgängerbauten vernichtet hatten, wurde das heutige dritte **Rathaus** von Frankenberg 1509-1513 errichtet. 1778 wurde das Rathaus zum Schutz des Fachwerks teilweise verschiefert. Später wurde es komplett verputzt. Ab 1927 bis 1959 wurde das ganze Fachwerk wieder freigelegt. Später wurde der obere Teil wieder verschiefert. Das bewegte Schieferdach mit den vielen Türmchen und die Kombination von Schiefer und Fachwerk machen das Gebäude interessant und geben ihm eine unwirkliche, märchenhafte Anmutung.

Adresse: Marktplatz 1

Altes Rathaus (1656) ★

Das 1656 erbaute **Alte Rathaus** von Hessisch Lichtenau wurde 2006 saniert und farblich leicht verändert (Orangetöne im Gefache, Beistriche an den Balken). Der Standerker zeigt bildliche Ausschmückungen in der für die Region typischen Kratzputz-Technik. Zusätzlich wurde ein Frau-Holle-Bild vorgehängt: Eine Frau-Holle-Figur steht auch vor dem mit reichen Details ausgeführten Portal. Lichtenau vermarktete sich als Frau-Holle-Stadt und das Alte Rathaus als Frau-Holle-Haus.

Adresse: Landgrafenstraße 17

Markt 5 (1560) ★

Das 1560 errichtete Bürgerhaus ist eines der ätesten Häuser der Hofgeismarer Altstadt. In der ersten Hälfte des 17. Jahrhunderts wurde es in größerem Umfang umgebaut und erweitert. Es zeigt eine eher einfache Fassade mit Fächerrostetten als einzigem Schmuckelement. Von September 2019 bis Herbst 2023 wurde das Gebäude für einen Betrag von 3,35 Millionen Euro saniert.

Standort: Markt 5

Gasthaus zur Krone ★ ★ (1480)

1480 als Patrizierhaus erbaut, überstand das Gebäude den Dreißigjährigen Krieg, gelangte danach (1650) jedoch in Besitz des Apo-
thekers Johannes Stirn. Sein Enkel richtete dort 1721 das Gasthaus
'Zur Reichskrone' ein. In den letzten Jahren war das Haus von Leer-
stand betroffen. Da kein Gastronom an einer Wiederaufnahme in-
teressiert war wird es zurzeit zu einem Kulturzentrum umgebaut.

Adresse: Marktplatz

Engelapotheke (1668)

Das größte Fachwerkhaus am Marktplatz wurde laut Infoschild 1668 auf den Trümmern eines Vorgängerbaues errichtet. Von Anfang an war es Sitz einer Apotheke. Heute beherbergt das Gebäude jedoch ein Museum.

Adresse: Marktplatz 16

Haus unter der Kirchhofslinde (1719)

Das schmale hohe **Haus unter der Kirchhofslinde** wurde laut Infoschild 1719 auf den Trümmern der ehemaligen Garküche errichtet.

Adresse: Marktplatz 21

Rathaus (1662) ★

Das Rathaus der Stadt Immenhausen wurde im Dreißigjährigen Krieg zerstört. Zwischen 1643 und 1662 entstand das heute zu sehende Gebäude. Auf dem Bruchsteinmauerwerk-Erdgeschoss sitzen zwei Fachwerketagen. Die Fachwerkfassade zeigt nur wenige Zierelemente. Auf dem Krüppelwalmdach sitzt ein Dachreiter. Zum Haupteingang an der Traufseite führt eine Außentreppe. Noch heute dient das Gebäude als Rathaus.

Adresse: Marktplatz 1

Patrizierhaus Schwalenstöcker (1593) ★

Das dreigeschossige auf einem Sandsteinsockel ruhende Gebäude mit seinen reichen Renaissanceschnitzereien hat den großen Stadtbrand von 1664 überstanden und ist das älteste noch bewohnbare Fachwerkhaus Korbachs. Eine Tafel am Haus (rechts) informiert:

Adresse: Katthagen

Gasthaus „Zur Waage" (1730)

An einem Schild am Gebäude mit seinen von Mann-Strukturen geprägten Fachwerk ist zu lesen:

Das heutige Gasthaus „Zur Waage" steht auf den Grundmauern des einstigen Rathauses der Altstadt. Das Gebäude diente später als Weinhaus, Zeughaus, Stadtgericht, Eichamt und Wache. Der heutige Bau wurde 1730 errichtet. Am Sockel befinden sich die sogenannten Schandsteine. Wer üble Nachreden verbreitete, wurde verurteilt, diese Steine durch die Stadt zu tragen.

Adresse: Marktplatz 5

Rathaus (um 1560) ★ 📄

Das um 1560 errichtete **Rathaus von Melsungen** mit seinen vor-kragenden Obergeschossen zeichnet sich durch seine schieferge-deckten Ecktürmchen aus. Ein Dachreiter mit einer Uhr krönt das Gebäude. Das Rathaus steht frei im Zentrum der Stadt, hat aber auf der Rückseite einen verschieferten Anbau. 1826 wurde das Ge-bäude komplett verputzt. Beim letzten großen Umbau im Jahre 1927/28 wurde der Putz wieder entfernt und das Fachwerk kam wieder zum Vorschein. Das Gebäude wird noch heute von der Stadtverwaltung genutzt.

Adresse: Am Markt 1

Heimatmuseum (1600)

Die ältesten Teile des heute als Museum dienenden Fachwerkhauses stammen aus der Zeit um 1600. Das Museum zeigt die Lebens- und Arbeitswelt insbesondere des Handwerks in früheren Zeiten.

Adresse: Markt 5

Rathaus (16. Jahrhundert) ★

Das **Rathaus von Rosenthal** wurde wohl nach dem großen Stadtbrand von 1495 erbaut. 1641, im Dreißigjährigen Krieg, wurde es
zerstört, 1654 wieder aufgebaut. 1922 wurde es umfassend saniert.
Der Bogen über dem Portal zeigt reiche Verzierungen.

Adresse: Am Rathaus 2

Altes Rathaus (1668)

Das Fachwerkrathaus zeigt einen massiven Sockel, eine Freitreppe und einen verschieferten Dachreiter. Die Frontseite ist von Andreaskreuzen geprägt, in den verzierten Ecken und an der Seite sind Mann-Figuren zu sehen. Die Infotafel neben der Tür gibt das Baujahr mit 1686 an, an der Rathaustür steht jedoch in historischer Schrift "erbaut 1668" (Infotafeln weisen oft Fehler auf).

Adresse: Marktplatz 6

Fachwerkhaus mit Lebensbäumen (Ende 15. Jahrh.) ★

Eine Infotafel informiert:

> **Fachwerkhaus mit Lebensbäumen**
> Fachwerkhaus aus dem ausgehenden 15. Jh. Vermutlich ist es das
> ursprüngliche städtische Hochzeitshaus. Dafür spricht die auffallende
> Eingangspforte. Rechts und links sind Lebensbäume, die in vielen
> Varianten und Kombinationen beim Fachwerkschmuck auftreten:
> gemalt oder geschnitzt, auf Ständern und Eckständern, ganz häufig
> auf Türgewänden.

Adresse: Burgstraße 2

Wohnsitz Margarethe von der Saale (15. Jahrhundert) ★

Am Gebäude informiert eine Tafel:

Dieser spätgotische Fachwerkbau mit Zwerchhäusern, Mansarden-
stockwerk und weiteren späteren Umbauten (z.B. Arkaden) war ab
1540 Wohnhaus der Margarethe von der Saale, Nebenfrau des Land-
grafen Philipp des Großmütigen. Bemerkenswert sind an der Giebel-
front die Spuren eines ursprünglich dort vorhandenen „Verkünd-Er-
kers". Ende des 16. Jh. wurde dieses Gebäude vermutlich als
städtisches Hochzeitshaus genutzt. Es ist vorbildlich saniert und war
lange Sitz der Stadtsparkasse. Heute ist es in Stiftungsbesitz und wird
als „Haus der Begegnung" für Jagd, Natur und Kunst geführt.

Adresse: Burgstraße 1

Persch'sches Haus (1480) ★

Das **Persch'sche Haus** in der Altstadt von Witzenhausen, ein Rähmbau mit vorkragenden Stockwerken, brannte 1989 ab und wurde bis 1996 im alten Stil als Wohn- und Geschäftshaus wiederaufgebaut. Es zeigt, vor allem im Erdgeschoss ein relativ einfaches Fachwerkmuster, wirkt in seiner Gesamtanlage, auch durch die roten Fensterrahmen, dennoch ansprechend.

Adresse: Ermschwerder Straße 18

Deutsches Haus (1480) ★

Das **Deutsche Haus** wurde unmittelbar nach dem Stadtbrand von 1479 errichtet und ist vermutlich das älteste Haus der Stadt. Abgesehen von den Andreaskreuzen im Brüstungsbereich zeigt es eine eher einfache Fachwerkstruktur.

Adresse: Marktgasse 2

Sommermannsches Haus (1511) ★

Das spätgotische Fachwerkhaus mit seinem runden Eckerker und eher einfachen, kaum verzierten Fachwerkstruktur, wurde in den Jahren 1985-88 saniert. Heute findet sich im Gebäude die Stadtbücherei.

Adresse: Ermschwerder Str. 17

Alte Wache (1667) und Altes Rathaus (1659)

Eine Infotafel am nach dem Dreißigjährigen Krieg enstandenen Stockwerksbau der **Alten Wache** informiert:

> Ein zweizoniger Stockwerksbau mit zweijochiger, ehem. offener Halle. Zunächst Schirne, dann Wache der Stadtsoldaten. Harmonisches Zusammenspiel von Konstruktion, Gefüge-gestaltung und Schmuck.

Adresse: Kirchplatz 2 und Kirchplatz 1

Eine Tafel am stattlichen **Alten Rathaus** informiert, dass auf einem mittelalterlichen Gewölbekeller und einem steinernen Untergeschoß zwei Stockwerke in Rähmbauweise lagern.

Rathaus (1450) ★

Das Zierenberger Rathaus ist der älteste datierte Fachwerkbau Hessens. Das Erdgeschoss ist in der älteren Ständerbauweise errichtet worden, mit einfachem gotischen Fachwerkmuster (rechte Winkel, Andreaskreuze). Das Obergeschoss kragt aus und zeigt in der Brüstung umlaufende Andreaskreuze. Das Gebäude ist mit einem hohen, weitgehend verschieferten Walmdach bedeckt.

Adresse: Poststraße 20

6 weitere bemerkenswerte Fachwerkhäuser in Nordhessen

Gudensberg		
Hospital (1692)**,** Fritzlarer Straße, 📄		1692 wird der älteste Teil des langgestreckten Fachwerkbaus errichtet, in den folgenden 100 Jahren durch zwei Anbauten erweitert. Ab 1981 Sanierung und Umbau zu Sozialwohnungen.
Homberg/Efze		
Rathaus (1704), Rathausgasse 1		Das Rathaus wurde 1704 auf den Grundmauern eines im Dreißigjährigen Krieg zerstörten Vorgängerbaus aus dem 15. Jahrhundert erbaut.Später folgten Turm und Wetterfahne.
Korbach		
Hartwig sches Haus (1720), Stechbahn 9		<u>Tafel:</u> Gefache ornamental mit Backsteinen ausgemauert. Barockportal mit Engelsköpfen und Schmuckelementen. Toreinfahrt bezeichnend für Einfluss der fränkischen Bauweise.
Spangenberg		
Evangel. Pfarrhaus (1660-1670), Rathausstraße 10 und **Burgsitz** (Mitte 16. Jh), Burgsitz 1-3	 Das Pfarrhaus zeigt an den Stockwerksübergängen reiches Schnitzwerk.	2009-2014 wurde der-Burgstitz im Rahmen eines integrativen Konzepts für Langzeitarbeitslose und Jugendliche, gefördert durch Landesmittel, saniert.
Trendelburg		
Haus Dierckes, (1459), Steintor		Das auf 1459 datierte **Haus Dierkes** mit seitlichem Deelentor gilt als ältestes Bauernhaus Niederdeutschlands.

2. Osthessen

Bad Hersfeld

Ehem. Stadtkirchnerhaus (1452) ★

Das 1452 erbaute ehemalige Pfarrhaus und heutige Küsterhaus ist das älteste Fachwerkhas Bad Hersfelds. Die Sanierung bis 1986 hat den Preis der Stadt Hersfeld für besondere Leistungen zur Stadterhaltung bekommen.

Adresse: Kirchplatz 5

Am Markt 6 und **7** (Ende 16. Jahrhundert)

Am im 16. Jahrhundert erbauten Fachwerkhaus Markt 6 fällt die gebogene Giebelstruktur auf. Das gerade in Sanierung befindliche Nachbarhaus Markt 7 stammt aus der Zeit vor 1500, wurde jedoch Ende des 16. Jahrhunderts im Renauissancestil umgestaltet.

Adresse: Am Markt 6

Klausstraße 34 (1609) ★

Das Haus mit seinen reichen Zierfachwerkelementen, darunter vielen Feuerböcken im Brüstungsbereich, wurde von Zimmermeister Johannes Weber 1609 im Renaissancestil erbaut.

Adresse: Klausstraße 34 (Altstadt)

Altes Rathaus (vor 1500) ★ ★

Die Barockstadt Fulda ist eher fachwerkarm. Das prächtige Fachwerkrathaus, welches im Kern aus der Zeit vor 1500 stammt und zwischen 1531 und 1782 als Rathaus genutzt wurde, sticht jedoch an zentraler Stelle hervor. Dabei sah es noch in den 1960er Jahren unansehnlich aus. Während in anderen Städten in dieser Zeit historische Architektur durch Neubauten ersetzt wurde, ging man in Fulda einen anderen Weg. 1968-70 wurde das Rathaus unter der Leitung des Architekten Ernst Kramer nach historischen Vorlagen aufwändig teilrekonstruiert. Es bekam wieder einen Giebel und die gotischen Türmchen wurden wieder errichtet.

Adresse: Unterm Heilig Kreuz 10

Elf-Apostelhaus (1619) ★

Lange ging man davon aus, dass es um 1500 erbaut wurde, was auch an der Fassade zu lesen ist. Bei der Sanierung bis Ende 2024 fand man jedoch konkrete Hinweise auf 1619 als Baujahr. Den elften Apostel fand man jedoch nicht, an der Fassade sind nur 10 Apostel plus Christus (Judas fehlt ohnedies) zu finden. Die ersten beiden Etagen wurden zu 15 Tagespflegeplätzen für Senioren umgebaut, das dritte Geschoss zu Veranstaltungsräumen und einer Begegnungsstätte. Der Umbau hat über 2 Millionen Euro gekostet.

Adresse: Marktplatz 2

3. Mittelhessen

Mittelhessen ist reich an Fachwerkstädten mit einer Vielzahl bedeutender Fachwerkbauten. Solche sind vor allem in Limburg, Lich, Marburg und Wetzlar zu finden. Nach Kriegszerstörungen und nüchternem Wiederaufbau gehört Giessen heute leider nicht mehr zu den bedeutenden Fachwerkstädten. In Limburg an der Lahn dagegen sind bedeutende Fachwerkhäuser so zahlreich, dass eine Auswahl schwer fällt. In der dritten Auflage wurde deren Zahl um zwei auf sechs erhöht (Haus Staffel, Römer 2-4-6)

Stadt	Zahl der Fachwerkhäuser
Wetzlar	402
Alsfeld	400
Grünberg	300
Limburg	250
Herborn	220-250
Idstein	200
Bad Camberg	65

Haus in Lich

Rathaus (1516) ★ ★ 📄

Das überwiegend in Fachwerk ausgeführte **Rathaus von Alsfeld** fasziniert durch eine bewegte Fassade mit auskragenden Geschossen, Knaggen, Erkern an der Trauf- und Giebelseite und einem teilen Schieferdach. Auf den Seitenerkern sitzen zudem spitze schieferbedeckte Turmhelme. Stilistisch ist das 1512-16 erbaute Rathaus dem Übergang von Gotik zur Renaissance zuzuordnen. Mit den anderen Gebäuden des historischen Marktplatzes bildet es ein eindrucksvolles, pittoreskes Ensemble.

Adresse: Am Markt 1

Bad Camberg

Amthof (1605) ★

Der **Amthof**, bis 1816 Sitz der kurtrierischen Amtmänner, ist mit 145 m Sichtfachwerk eines der längsten Fachwerkgebäude Deutschlands. Das Fachwerk zeigt vor allem (Wilde) Mannfiguren und hochgestellte Andreaskreuze. An der Fassade finden sich zudem mehrere reich verzierte Erker. Die Eckständer sind mit Lebensbäumen kunstvoll ausgeführt. Nach einer Grundsanierung Anfang der 1990er Jahre nutzt die Stadtverwaltung das Gebäude. Zudem wird das Gebäude kulturell genutzt, zum Beispiel durch die Amthofgalerie.

Adresse: Am Amthof 15

Tiefenbach-Haus (1592) ★ ★ 🗎

Das **Tiefenbach-Haus** mit seinem Schaugiebel zeigt reiches Renaissance-Zierfachwerk. Im Giebel sind ein musizierender Engel und streitende Landsknechte aufgemalt. Über dem Erdgeschoss findet sich die Figur des Amtmannes und Bauherren Johannes Tiefenbach, nach dem das Haus benannt ist. Eine lateinische Inschrift zeigt ein Bekenntnis zum Protestantismus.

Adresse: Marktplatz 4

Stadtmauerhaus (1684) ★

Das schmale Haus wurde 1684 an der Stadtmauer erbaut und verschmelzt heute fast mit ihr.

Adresse: Kirchgasse 11

Altes Rathaus (1700) ★ 📄

Das Alte Rathaus von Niederbrechen wurde 1700 als Zehnthaus
erbaut. Von Anfang des 19. Jahrhunderts bis 1977 diente es der
Gemeinde als Rathaus. 2003 wurde für die Sanierung der Hessi-
sche Denkmalschutzpreis verliehen.

Adresse: Rathausstraße 17

Hüttenplatz 12 (Ende 17. Jahrhundert) ★

Am Hüttenplatz findet sich eines der schönsten Fachwerkensembles der Stadt. Das Gebäude Hüttenplatz 12, heute eine Gastwirtschaft, zeigt reiches Schnitzwerk an den Eckständern und am Übergang der Stockwerke.

Adresse: Hüttenplatz 12

Grünberg

Rathaus (1587) 📄

Das **Rathaus** der mittelhessischen Stadt Grünberg wurde 1586-87 als Wohnhaus für einen Amtmann errichtet. Bereits 1593 wurde der Renaissancebau an die Stadt Grünberg verkauft, die daraus ein Rathaus machte. 1822 wurde das Gebäude verputzt und der Erker abgetragen. 1966 wurde das Fachwerk wieder freigelegt und 1980 der Erker wieder angebracht. Im verputzten Erdgeschoss fällt das steinerne, von Pilastern gesäumte Portal auf.

Adresse: Marktplatz 1

Rathaus (1639) ★

Das **Rathaus von Hadamar** wurde 1639 für den Hofrat Andreas von Meuser errichtet, die Eingangslaube 1643. 1818 ging es in den Besitz der Stadt über und wurde zum Rathaus. Die Eingangslaube und auch der darüber liegende Erker zeigen geschnitzte und bemalte Figuren, an den Gebäudeecken sind geschnitzte bemalte Holzsäulen zu sehen. Treppenaufgänge, Laube, Erker und Türmchen mit großer Uhr machen das Rathaus zu einem auffallenden Bau. Die Fassade war lange verputzt. Das Fachwerk wurde nach einer Sanierung wieder freigelegt.

Adresse: Untermarkt 1

Duchscherer-Haus (1676) ★

Das nach einem Besitzer so genannte **Duchscherer-Haus** wurde 1676 als Doppelhaus der Beamtenfamilien d' Avina und Heftrich erbaut. Die Straßenseite des ersten Obergeschosses ist reich verziert. Ein Prunkstück der Fassade ist der zierliche Erker, auf welchem die Figuren Adam und Eva zu sehen sind. Die Schnitzereien der westlichen Haushälfte sind später zerstört worden oder unter Putz verschwunden. Das Dach mit seinem Zwerchhaus ist verschiefert.

Adresse: Schulstraße 15

Hauptstraße 41 (nach 1626)

Der schmale Fachwerkbau mit dem verschieferten Giebelbereich stammt aus der Zeit nach dem Stadtbrand von 1626. Das Haus beherbergte bis um 1700 die Apotheke „Zum Goldenen Löwen". Gegenüber findet sich das in den Untergeschossen massive, in den Obergeschossen verschindelte und deshalb nicht fachwerksichtigem Rathaus Herborns.

Adresse: Hauptstraße 41

Homberg (Ohm)

Rathaus (1539) ★ 📄

Das massive Erdgeschoss des 1539 erbauten Rathauses trägt zwei Fachwerkgeschosse und einen dreigeschossigen schieferbedeckten Dachstuhl. Drei der ursprünglich vier Ecktürmchen wurden bei der Restaurierung 1965 bis 1968 rekonstruiert. Auf dem Satteldach sitzt ein sechsseitiger verschieferter Dachreiter. Obwohl das Rathaus in der Renaissancezeit errichtet wurde, zeigt es eine schmucklose Fachwerkstruktur mit sogenannten Alsfelder Streben.

Adresse: Frankfurter Straße 43

Altes Rathaus (1450) ★★

Das Rathaus mit der großen Fassadenuhr und dem Erker ist das älteste Gebäude der Stadt. Sein spätgotisches Fachwerk zeichnet sich durch Mannstrukturen und Andreaskreuze aus. Es gilt als eines der schönsten Fachwerkrathäuser Mittelhessens.

Adresse: Am Markt 6/8

Doktorhaus (um 1725) ★

Eine Tafel am Fachwerkgebäude informiert:

> Dieses stattliche dreigeschossige Fachwerkgebäude wurde Überliefe-
> rungen zufolge in der Zeit um den Stadtbrand im Jahr 1725 erbaut,
> blieb aber von dessen Zerstörung wohl verschont: Mit einer Länge
> von 16,65 m, einer Breite von 8,70 m und einer Höhe von 14,40 m
> war es eines der größten Profangebäude der Stadt. Seinen Namen er-
> hielt es allerdings erst später. Im Jahre 1856 bezogen dort erstmals
> Ärzte ihre Praxen und Wohnräume.

Adresse: Alsfelder Straße 5

Amtshaus (1670) ★

Das ehemalige Amtshaus der Reichsgrafschaft Solms-Laubach, welche 1548 entstanden war, wurde 1670 errichtet. Auf einem Bruchsteinsockel sitzen drei Fachwerkgeschosse. Der Giebel ist verschiefert.

Adresse: Obere Langgasse 4

Von Staden Haus (1708)

Das Haus wurde 1708 von Johann Henrich Almenröder aus Ulm für den Hofkeller Johann Hyppolitus von Staden und dessen Ehefrau errichtet. Es zeichnet sich in der Mittelachse durch Mann-Figuren und durch ein Zwerchhaus auf dem Mansarddach aus. Die Brüstungsfelder sind reich geschmückt. Durch die seitliche Toreinfahrt wird die rückwärtige an die Stadtmauer gebaute Zehntscheune erschlossen. Zurzeit steht das Haus zum Verkauf.

Adresse: Limburger Straße 19

Finger-Haus (um 1420) ★

Eine Tafel am Gebäude informiert:

Wandständerbau des Hessisch-Fränkischen Fachwerks aus dem Jahre 1420-1424. Ehemaliges Hallenhaus mit offener Feuerstelle, wohl Burgmannenhaus. Verzierung durch freihängende Eckständer mit Kerbschnitten, 6 Schleppgauben. Pforte mit Tulpenreliefschnitzerei, frühes Doppelhaus mit zwei Besitzern. Gewölbekeller und Gewölbegang aus Bruchsteinen vermutlich 12. Jahrhundert. 2000 cbm Eiche-Fachwerk mit 440 qm Nutzfläche. **Seit 1931 Kulturdenkmal.**

1994 kam es zu einem Brand im achtältesten Fachwerkhaus Hessens, bei dem 60% der Innenräume zerstört wurden. Weil das Gebäude unter Denkmalschutz steht, wurde es wieder hergestellt.

Adresse: Markt 3-5

Textorhaus (1632) ★

Das gotische Kellergewölbe des heutigen Heimatmuseums wurde bereits Anfang des 16. Jahrhundert erbaut. Der Fachwerkbau mit seinen aufwändigen Schnitzereien wurde 1631/32 von Jacob Textor und seiner Ehefrau Maria Kroll errichtet.

Adresse: Kirchenplatz 4

Römer 2-4-6 (Ende 13. Jahrhundert) ★ 🖹

Dieser Ständerbau wurde nach dem Stadtbrand von 1289 auf einem älteren um 1200 errichteten Kellersockel erbaut und ist damit eines der ältesten freistehenden Fachwerkhäuser Deutschlands. 1581-1583 und 1610 erfolgten umfassende Modernisierungen, seither im Obergeschoss und Giebelbereich auch Renaissance-Zierelemente. Ab dem 18. Jahrhundert stammten die Bewohner aus unterprivilegierten Schichten, ab 1872 war hier zeitweise das städtische Armenhaus untergebracht. 1986-89 Sanierung des Gebäudes.

Adresse: Römer 2-4-6

Brückengasse 15 (um 1309) ★

Um 1309 erbautes schmales Fachwerkhaus dessen vom Denkmalschutz geförderte Sanierung im Herbst 2024 abgeschlossen wurde. Die Eingangshalle, deren konstruktive Elemente noch aus der Bauzeit um 1309 stammten und die 2016/17 restauriert wurden, wurde im Laufe der Geschichte zweigeteilt. Die Obergeschosse stammen aus dem Jahr 1621 und zeigen Renaissance-Schmuckelemente. Auffällig das Medaillon im Schweifgiebel.

Haus Staffel (1515) ★ 🖹

Besondere Gestaltungselemente des 1515 errichteten Gebäudes sind der polygonale Erker und der 1522 angefügte achteckige Treppenturm. Seit 1903 ist das Haus gegenüber dem Limburger Dom Eigentum des Bistums Limburg. 2011-2013 für 4,2 Millionen Euro saniert und seither vergrößerte Fenster im hohen Bruchsteinsockel.

Adresse: Domstraße 14

Goldener Löwe (14. Jahrhundert) ★★

Der Eigentümer Achim Kramb hat das Gebäude von 2020 bis 2022 sanieren lassen und dafür 2,1 Millionen Euro investiert (anfangs wurde die Sanierungskosten auf 1,5 Millionen Euro geschätzt, 0.4 Millionen Euro standen als Fördermittel zur Verfügung). Heute befinden sich im **Goldenen Löwen** ein Restaurant sowie drei Ferienwohnungen. Die vorher verputzte braune Fassade zeigt nach der Sanierung ein interessantes Renaissance-Fachwerkmuster aus schwarzen Balken, weiß verputzter Ausfachung, vorkragenden Obergeschossen und einem geschwungenen Giebel.

Adresse: Kornmarkt 7

Salzgasse 11 (1614) ★

Der dreigeschossige Giebelbau wurde laut Inschrift 1614 errichtet. Die Fassade des Spätrenaissancebaus ist reich an Zierfachwerk, darunter verzierte Feuerböcke. Die Eckständer sind verziert und bemalt. Die Erdgeschossfront ist original erhalten.

Zum Goldenen Hirsch (um 1500) ★ 📄

Dieses Fachwerkhaus aus dem frühen 16. Jahrhundert beherbergte seit 1527 das Gasthaus **Zum Goldenen Hirsch**. Im 20. Jahrhundert wurde die Gastronomie zugunsten von Läden aufgegeben. Von 1990 bis 1993 wurde das Gebäude kernsaniert. 2020-23 folgte die nächste Sanierungsrunde. Zurzeit findet sich im Erdgeschoss eine Filiale eines Maklerbüros. Neben dem schwungvollen Giebel fällt vor allem der polygonale Erker auf.

Adresse: Kornmarkt

Hirschberg 13 (1321)

Das eigentlich älteste Fachwerkhaus Marburgs wurde ursprünglich bereits 1321 errichtet, nach dem verheerenden Stadtbrand des Jahres 1319. Die Stockwerke kragen leicht vor. 1977 wurde es jedoch abgerissen und danach durch Studenten rekonstruiert.

Adresse: Hirschberg 13

Schlosstreppe 1 (1418) ★

Dem gotischen Fachwerkbau Schlosstreppe 1 wurde 1578 eine neue Fassade zum Markt hin vorgebaut, deren Balken heute rot gestrichen sind. Der ältere Bau ist in Ständerbauweise errichtet. Der tragende Ständer reicht vom Boden bis zum Dach. Die Konstruktion wird durch ein paar schräg gezogene Balken zusätzlich stabilisiert. Der Anbau zum Markt ist hingegen in der später entstandenen Stockwerksbauweise durchgeführt, wobei die Stockwerke nach oben leicht auskragen. Das Fachwerk war lange unter Putz verschwunden und wurde erst um 1970 wieder freigelegt, nach einer gründlichen Renovierung des Gebäudes.

Historisches Rathaus (um 1550) ★ ★

Das **historische Rathaus** von Neustadt zeigt sich nach einer kürzlich durchgeführten Sanierung in perfekten Zustand. Auf einem Bruchsteinsockel sitzen zwei Fachwerkgeschosse. Das obere kragt leicht vor. Auf dem Schieferdach sitzen zwei in spitzen schiefergedeckten Türmchen auslaufende Zwerchhäuser.

Adresse: Am Markt 1

Rauschenberg

Rathaus (16. Jahrhundert)

Das dreigeschossige Fachwerkrathaus zeigt einen steinernen Treppenturm mit Fachwerkobergeschoss an der Westseite des Gebäudes sowie einen verschieferten Uhrturm hinter dem Giebel. Am Gebäude sind mehrere Wappen der Ratsfamilien angebracht.

Adresse: Schloßstraße 1

Rathaus (1520) ★

Der spätgotische Fachwerkbau mit Markthalle im Untergeschoss und getäfeltem Ratssaal im 1. Stock wurde noch bis in die 1960er Jahre als Rathaus genutzt. Heute dient das Haus als Standesamt und Veranstaltungshaus. Lange war das Fachwerk verputzt, es wurde erst 1902 wieder freigelegt als das Haus von Grund auf renoviert wurde.

Adresse: Marktstraße 1

Haus zum Reichsapfel (1607) ★ 📄

Das 1607 erbaute und 1981 restaurierte Fachwerkhaus am Kornmarkt in der Oberstadt von Wetzlar hieß ursprünglich **Haus zur
Sonne**, später **Haus zum Reichsapfel**. Entsprechende Symbole
sind auf dem Erker abgebildet. Die schlanke wohlproportionierte
Anmutung, der Fenstererker und die interessanten Muster, die sich
aus der Balkenanordnung ergeben, machen das Haus, welches im
19. Jahrhundert eine Brauerei und eine Gastwirtschaft beherbergte,
zu einem Schmuckstück und Hingucker.

Adresse: Kornmarkt

Jerusalemhaus (Ende des 17. Jahrhunderts) ★ 🗎

Das ehemalige **Winklersche Wohnhaus** am Schillerplatz 5 wird heute **Jerusalemhaus** genannt. Der Grund ist der Selbstmord des Juristen Carl Wilhelm Jerusalem (1747-1772) im Oktober 1772 mit nur 25 Jahren. Goethe setzte ihm mit dem 1774 erschienenen Roman ‚Die Leiden des jungen Werthers‘ ein literarisches Denkmal. Heute ist im Gebäude die Goethe-Werther-Sammlung, eine Spezialbibliothek, untergebracht.

Adresse: Schillerplatz 5

7 weitere Häuser in Mittelhessen

Dillenburg		
Altes Rathaus (1724), Hauptstraße 19 und **Hartwigsches Haus** (1723)	 Nach dem Stadtbrand 1724 errichtetes **Rathaus** mit massivem Unterbau und einem Fachwerkgeschoss unter einem Mansarddach mit Dachreiter.	 Das **Hartig Haus** zeigt Mansarddach und Zwerchhaus. Landesforstmeister **Georg Ludwig Hartig** (1764-1837), führte in diesem Haus eine der ersten deutschen Forstschulen.
Marburg		
Haus Grimm (1877), Ritterstraße 3		Von Carl Schäfer 1876-77 als Bürohaus erbaut, gilt es als eines der frühesten Sichtfachwerkhäuser des Fachwerkhistorismus in einer deutschen Altstadt.
Homburg (Ohm)		
Stadtapotheke (2. Hälfte 16. Jh) Marktstr. 23 und **Stadtswirtshaus** (vor 1700), Marktstr. 21	 In den Formen der Spätrenaissance in der 2. Hälfte des 16. Jh errichteter Fachwerkbau. Bis Mitte des 20. Jh Homberger **Stadtapotheke.**	 Die Stadt Homberg hatte seit 1671 das Privileg des Wein- und Branntweinausschanks und verpachtete das Wirtshaus jeweils für einige Jahre an einen Homberger Bürger. Bis ins 19. Jh. befand sich hier eine Gastwirtschaft
Kirchhain		
Blauer Löwe (1642), Borngasse 20		1612 von einem wohlhabenden Ratsherrn erbaut. Die Fassade zeigt Spätrenaissance-Verzierungen. Geburtshaus des Barockschriftstellers und Zeitungsredakteurs Eberhard Werner Happel (1647-1690).
Neustadt (Hessen)		
Junker-Hansen-Turm (1484), Hindenburgstr 4.		Kein Fachwerkhaus, aber mit einer Höhe von 48,8 m (Durchmesser: 12,6 m) der höchste Fachwerkturm der Welt. Er wurde 1484 als Teil der Stadtbefestigung zur Verteidigung der Stadt erbaut

4. Südhessen

4.1 Ballungsraum Frankfurt

Frankfurt- Höchst

Schlossplatz 9 (18. Jahrhundert)

Frankfurt war einst mit etwa 2000 Fachwerkhäusern mit Hildes-
heim die führende Fachwerkstadt in Deutschland. Trotz starker
Kriegszerstörungen, die zum Verlust fast aller Altstadtfachwerk-
häuser geführt haben, ist Frankfurt auch heute noch die deutsche
Großstadt mit den meisten Fachwerkhäusern. Es soll etwa 500 geben. Zum einen wurden einige Fachwerkhäuser der Altstadt rekonstruiert. Zum anderen sind in mehreren Stadtteilen Fachwerkhäuser
erhalten geblieben. Das gilt vor allem für Höchst, wo eine Zahl von
400 Fachwerkhäusern (die etwas zu hoch gegriffen scheint), genannt wird. Vor allem der Schloßplatz von Höchst wird von historischen Fachwerkhäusern eingerahmt. Die Fachwerkhäuser von
Höchst sind jedoch nicht besonders alt und es fehlt etwas an her-
ausragenden Gebäuden. Schlossplatz 9, erbaut im 18. Jahrhundert,
ist eines dieser eher unauffälligen Höchster Fachwerkhäuser.

Haus zur Goldenen Waage (1619/2018) ★★ 📄

Mit mehr als 1200 Fachwerkhäusern in der Altstadt war Frankfurt einst eine der größten und bedeutendsten Fachwerkstädte Deutschlands. Durch die Luftangriffe des Jahres 1944 wurde die Altstadt jedoch weitgehend zerstört. Erhalten gebliebene Reste fielen moderner Stadtplanung zum Opfer. Schließlich wuchs jedoch das Verlangen nach einer *Guten Stube* im Herzen der Stadt und so wurde Anfang der 1980er Jahre die Ostzeile des Römerbergs rekonstruiert, teilweise Neubauten im alten Stil. Als das 1974 erbaute Technische Rathaus nach 2000 sanierungsbedürftig war, beschloss die Stadt den Abriss und eine kleinteilige Neubebauung der Altstadt nach historischen Vorbildern. Die Rekonstruktion der **Goldenen Waage** mit ihrem Schieferdach und den roten Fachwerkbalken war dabei das aufwändigste Einzelprojekt. Die schöne detailreiche Renaissancefassade des Originals stammte aus dem Jahr 1619. Bis 2018 wurde die Rekonstruktion abgeschlossen. Heute bleiben hier viele Touristen spontan stehen, um ein Foto zu machen.

Adresse: Höllgasse/Markt

Großer Engel (1562/1984) ★ ★ 📄

Das 1562 erbaute schmale Fachwerkhaus wurde durch einen Luftangriff im März 1944 zerstört, jedoch 1983-84 im Zuge der Rekonstruktion der Ostzeile des Römerbergs originalgetreu wieder aufgebaut. Das Gebäude zeigt spätgotische Stilelemente, wie ein steinernes Untergeschoss und den von einem spitzen Türmchen gekrönten Erker, aber auch mit Schnitzereien reich verzierte Balken, und damit den Einfluss der Renaissance.

Adresse: Römerberg, Ostzeile

Zum Schwarzen Stern (1610/1983) ★

Goethe lobte das Fachwerkhaus einst als „Frankfurts schicklichste Bauweise". Einst war es das fensterreichste Gebäude der Stadt, denn bei Kaiserkrönungen im nahen Dom vermieteten die Besitzer die Fenster an Schaulustige, die den Krönungszug sehen wollten. Das Gebäude brannte im März 1944 nach einem Luftangriff bis auf das Untergeschoss ab, wurde aber 1983 originalgetreu wiederaufgebaut.

Adresse: Römerberg 6

Haus Wertheim (um 1600) ★ 📄

In der von Nachkriegsbauten und Rekonstruktionen gekennzeich-
neten Frankfurter Altstadt ist das **Haus Wertheim** das einzige
fachwerksichtige Haus, welches im Krieg nicht zerstört wurde und
im Originalzustand erhalten geblieben ist. Sandsteinsockel, auskragende Fachwerketagen und ein Schieferdach zeigen die einst für
die Altstadt typische Architektur. Sein Überleben hat zum Wunsch
nach einer Rekonstruktion der Altstadt beigetragen. An einer Tafel
am Haus ist zu lesen:

Werter Römerberg Besucher
Sie stehen vor dem ältesten denkmalgeschützten Wohnhaus der einstigen historischen Frankfurter Altstadt. Wie durch ein Wunder hat das
einzigartige Fachwerkgebäude „Das Haus Wertheim" die verheerende
Feuersbrunst der Weltkriegsjahre 1944-45 überstanden.

Adresse: Fahrtor 1

Amtskeller (1525) ★

1525 für den Erzbischof von Mainz errichteter **Amtskeller** mit Krüppelwalmdach. Laut Infoschild zeigt das spätmittelalterliche Fachwerk Vorformen des ‚Wilden Mannes'.

Adresse: Markt 2

Ludwig-Erk-Haus (1460) und Erbsengasse 27 (18. Jh.)

Das nach dem Volksliedsammler **Ludwig Erk** (1807-1883), der hier 1813-1820 seine Kindheit verbrachte, benannte Haus, ist laut Infotafel das älteste datierte Fachwerkhaus der Altstadt von Dreieichenhain. Das heutige Gebäude ist jedoch wohl in weiten Teilen um 1600 erbaut worden und damit jünger. Von 1520 bis 1826 war es lutherisches Schulhaus. Vor dem Anfang des 18. Jahrhunderts erbauten Wohnhaus in der Erbsengasse 27 steht ein Ludwig-Erk-Bronzedenkmal. Der Giebel des Hauses ist reich verziert. Das Haus (Bild unten rechts) zeigt Fachwerkzierelemente, die eher für die Renaissance typisch waren.

Adresse: Alte Schulgasse 4

Saalhof (1691)

Das langgestreckte giebelständige Wohnhaus **Saalhof** hat ein massives Erdgeschoss und Zierfachwerk im Obergeschoss.

Adresse: Saalgasse 3

Ehemaliges Isenburgisches Amtshaus (1605)

Das ehemalige **Amtshaus** zeigt Bruchsteinmauerwerk im Erdgeschoss, Zierfachwerk im Obergeschoss sowie ein Krüppelwalmdach. Es wurde durch den Isenburgischen Kammersekretär Wiprecht Schmidt erbaut und war von 1779 bis 1961 lutherisches Pfarrhaus.

Adresse: Spitalgasse 4

Altes Rathaus (1579) ★

Das 1579 erbaute **Alte Rathaus** von Groß-Gerau mit seinem massiven Erdgeschoss zeigt reiches Renaissance-Zierfachwerk. Am linken Eck hängt ein Richtschwert herunter. Das Gebäude wurde 1909 und 1929 saniert und 1985/86 einer Totalrenovierung unterzogen. Am Rathaus die Bronzefigurengruppe „Hessedrescher".

Adresse: Frankfurter Straße 12

Deutsches Goldschmiedehaus (1538/1950er Jahre) ★ 📄

Das **Deutsche Goldschmiedehaus** war das ehemalige Rathaus der Stadt Hanau und hieß deshalb auch **Altstädter Rathaus**. Erbaut wurde es 1538 im Übergang zwischen Spätgotik und Frührenaissance. Auf einem steinernen Sockelgeschoss wurden zwei Fachwerketagen errichtet, die von steinernen Giebelwänden eingefasst werden. Im Zweiten Weltkrieg brannte das Gebäude bis auf die Grundmauern nieder. Die steinernen Giebelwände blieben jedoch erhalten. In den 1950er Jahren wurde das Gebäude rekonstruiert. Heute wird es als Museum rund um das Thema Goldschmiedekunst genutzt.

Adresse: Altstädter Markt 6

Haus des Einhard (1598) ★ 📄

Das 1596 erbaute **Haus zum Einhard** in Seligenstadt gilt durch seiner verzierten Eckerker als eines der bedeutendsten Fachwerkhäuser südlich des Mains in Hessen.

Adresse: Aschaffenburger Straße 3

Rotes Haus (1680) ★

Das wegen der Farbe der Fachwerkbalken **Rotes Haus** genannte Fachwerkhaus wird, laut einer Infotafel, als typisch für das Treburer Ortsbild bezeichnet. Der kleine Ort Trebur ist Mitglied der Deutschen Fachwerkstraße.

Adresse: Astheimer Straße 8

5 weitere Häuser im Ballungsraum Frankfurt

Bruchköbel		
Weinhaus (1710), Hauptstr. 47		Herrschaftshaus des ehemaligen Hofguts von Savigny. Typisch fränkisches Fachwerkhaus, dreizonig. Große Geschosshöhen, großer Krüppelwalm. Vorkragender, dreifach verriegelter Oberstock. Die wuchtigen Mannfiguren, Rauten und Andreaskreuze symbolisieren Macht und Reichtum.
Dieburg		
Badhaus (1579), Badgasse 10		Auf einem massiven Erdgeschoss sitzt ein Fachwerkgeschoss, welches von Andreaskreuzen geprägt ist. Als das **Badhaus** gebaut wurde, lag die große Zeit der mittelalterlichen Badeanstalten, auch als Folge von Seuchenwellen wie der Pest, bereits zurück.
Dreieichenhain		
Wohnhaus Alte Bogengasse 25 (1686)		Das schmale Wohnhaus mit gut erhaltenem Fachwerkgefüge ist mit 1686 bezeichnet. Unter dem Stichwort ,Hexenhäuschen' werden hier Ferienwohnungen vermietet.
Seligenstadt		
Marktplatz 4 und 6 (um 1600)	 	Das dreigeschossige Fachwerkhaus der Apotheke zeigt Spätrenaissance-Zierfachwerkelemente wie Feuerböcke und zum Marktplatz eine massive Erdgeschosswand. Das Gebäude Marktplatz 6 ist ebenfalls dreigeschossig und zeigt Spätrenaissance-Zierelemente. Seitlich findet sich ein Rundbogen-Hoftor.

4.2 Wetterau, Büdinger Wald und Osten

> **Bad Orb**

Kleinstes Haus (1634) ★

Seit einem entsprechenden Wettbewerb der Bausparkassenzeit-schrift schmückt sich ein Häuschen am Rande der Bad Orber Alt-stadt mit dem Titel ‚**Schmalstes Fachwerkhaus Hessens**‘. An der schmalsten Stelle ist es nur 1,58 m breit. Das denkmalgeschützte Häuschen wurde im Jahr 1634 erbaut. Ganz so klein ist es doch nicht, es bietet immerhin 84 m^2 Wohnfläche, allerdings mit krum-men, schiefen Wänden. Im Haus findet sich heute eine Ausstellung des Künstlers Helmut Jahn (1936-2013), der dort ab 1998 wohnte.

Adresse: Kirchgasse

Altes Rathaus (1560) ★

Das **Alte Rathaus** der hessischen Stadt Butzbach wurde 1559-1560 im Renaissancestil erbaut. Auf zwei Putzetagen sitzt eine Fachwerketage und unter einem sanft geschwungenen Giebel befinden sich weitere Fachwerk-Stockwerke. Die silbergraue Farbe der Fachwerkbalken verleiht dem Gebäude ein zurückhaltend-elegantes Aussehen. Im Zeitraum 2008-2013 wurde das Rathaus saniert, die Kosten betrugen 3 Millionen Euro, auch weil Baumaßnahmen in den 1920er Jahren die Statik missachtet hatten. Mit seinen vielen Fachwerkbauten zählt der Marktplatz von Butzbach heute zu den schönsten in Mittelhessen.

Adresse: Marktplatz 1

Gotisches Haus (1351/52) ★ 📄

Das **Gotische Haus** wurde dendrochronologisch auf 1351/52 datiert und gehört damit zu den ältesten Fachwerkhäusern Hessens. An der Fassade ist jedoch die neuzeitlich angebrachte Jahreszahl um 1340 (und „Ältestes Fachwerkhaus Hessens") zu lesen. Das zweigeschossige Fachwerkhaus sitzt auf einem steinernen Sockel und zeigt einfache gotische Fachwerkstrukturen ohne Zierformen.

Adresse: Kuhgasse 5

Obermarkt 10 (um 1700) ★

Das frisch sanierte Haus am Obermarkt mit seinen zwei Fachwerk-
geschossen und der interessanten Fensterstruktur im Giebel hat
eine Brandmauer aus dem 13. Jahrhundert und einen schönen
Sandsteinerker.

Adresse: Obermarkt 10

Altes Rathaus (1610) ★

Das **Alte Rathaus** von Assenheim (Ortsteil von Niddatal) wurde um 1610 erbaut. Im Giebel sind Spätrenaissance-Zierelemente dieser Zeit zu sehen. 1822 wurde es baulich umgestaltet. Heute beherbergt der mit seinem Dachreiter und den beschlagenen Toren pittoreske Bau das Standesamt, Büros und Veranstaltungsräume.

Adresse: Wirtsgasse 1

Altes Rathaus (spätes 15. Jahrhundert) ★

Das **Alte Rathaus** der kleinen pittoresken Fachwerkstadt Ortenberg verfügt über ein Obergeschoss aus dem späten 15. Jahrhundert und einen verschieferten Dachreiter aus der ersten Hälfte des 19. Jahrhunderts.

Adresse: Steingasse 1

Zum Eckebäcker (16. Jahrhundert)

Bereits 1144 wurde dieses Gebäude erwähnt. Einst war es ein Dienstmannenhaus des Klosters. Das Fachwerk stammt aus dem 16. Jahrhundert. Seither war es Schmiede, Bäckerei und Gasthaus. 1908 erhielt der dort tätige Bäcker Jean Denhardt den Titel eines Hofbäckers seiner Majestät des Kaisers. Ein Schild über dem Eingang der heutigen Gaststätte weist darauf hin.

Adresse: Unter den Linden 13

4.3 Taunus

Idstein

Schiefes Haus (1728) ★ ★ 🗎

Durch Farbgebung und Schiefheit bietet das Fachwerkhaus einen sehr pittoresken Anblick. Auf einer Metalltafel ist zu lesen:

> *Das Schiefe Haus*
> *1727/28 als Wohnhaus erbaut vom Major der Stadtmiliz Johann Jacob Nicolay. 1736-1745 Apotheke im linken Teil.1861-1959 Stahlwarenhandlung, Messer- und Schleiferei. Nutzung seit 1997: Ladengeschäfte und Stadtverwaltung. Schieflage des Hauses bedingt durch konstruktive Mängel. Jahreszahl „1527" im Wappen irreführend.*

Adresse: Rodergasse 1/3

Killingerhaus (1615) ★ ★ 📄

Das **Killingerhaus** ist eindrucksvoll bemalt und reich mit Schnitzereien verziert. Am Haus informiert ein Metallschild:

> *Killingerhaus*
> *Johann Konrad Killing – Sohn des Idsteiner Kammerschreibers und später selbst Amtsschreiber der Grafen Ludwig und Johannes- und seine Ehefrau Anna Margaretha Löber- Tochter des Nassauischen Vogts zu Bad Ems - ließen 1615 das reich verzierte Haus errichten. Der prächtige Fachwerkbau gab zu allerlei Sagen Anlass.*

Adresse: König-Adolf-Platz 7

Zur Peif (1615) ★

Der dreigeschossige Bau zeigt Renaissance-Fachwerk mit Bundstreben und Andreaskreuzen. Die Eckständer und Brüstungsplatten sind mit reichem Schnitzwerk versehen und bunt bemalt, der Giebel schwungvoll geschweift, die Schwellen aufwendig profiliert. Das Gebäude war erst Wohnhaus des Stadtpfarrers, später Brauerei und Ratsapotheke. Heute beherbergt es ein Gasthaus.

Adresse: Himmelsgasse

Historisches Rathaus (1479) ★

Das alte Rathaus entstand auf den Überresten eines gotischen Stadttores. 1622, im Dreißigjährigen Krieg, brannte das Rathaus nieder. 1659-1663 wurde es wiederaufgebaut. 1702 wurde eine Sonnenuhr angebracht. Als das Rathaus 1933/34 renoviert wurde, kam an der Uhr eine Inschrift dazu. Um 1980 wurde das Gebäude und sein Ratsherrensaal renoviert.

Adresse: Marktplatz

Rathaus (1687) 🗎

Das Rathaus wurde anstelle eines spätmittelalterlichen Baues errichtet. Einzelne Balken des Rathauses wurden dendrochronologisch auf 1450 datiert und stammen vom Vorgängerbau. Das Haus
überstand den Stadtbrand von 1692. Es wird heute von einem verschieferten Dachreiter mit Wetterfahne gekrönt.

Adresse: Wilhelmjstraße 1

4.4 Rheingau

Zum Krug (1720) ★ und ehemaliges Rathaus (1719)

Wie bei den Nachbarhäusern am Markt in Eltville-Hattenheim sitzt auch beim ehemaligen Weinhaus **Zum Krug** ein Fachwerkstockwerk über einem verputzten Erdgeschoss. Die Ausfachungen sind blau grundiert und teilweise mit Schnitzereien verziert. Das Schieferdach wird von kleinen Gauben durchbrochen. Der Straßenzug wirkt in seiner Farbigkeit fast elsässisch. Der Eigentümer des Krugs hat das benachbarte **Alte Rathaus** (Bild rechts) hinzugekauft und so den Komplex aus Gaststätte und Hotel erweitert.

Adresse: Hauptstraße 34

Rüdesheim

Klunkhardshof (um 1500) ★ ★ 📄

Der **Klunkhardshof,** das älteste und prächtigste Wohngebäude Rüdesheims, wurde um 1500 im spätmittelalterlichen Stil von der Patrizierfamilie Klunkhard erbaut. Dendrochronologisch wurde sogar 1453 als Baubeginn ermittelt. Wegen des Durchgangs wurde es einst 'Haus zum Loch" genannt. Im 19. Jahrhundert wurde die Fassade verputzt. 1906 erwarb die Familie Dries das Gebäude und ließ 1912 das Fachwerk wieder freilegen und den vorigen Bauzustand wieder herstellen. An der Fassade ist zu lesen, dass es 1929, 1963, 1984 und 2006 saniert wurde. Bis heute ist es ein Wohngebäude im Besitz der Familie Dries (keine Besichtigung möglich).

Adresse: Klunkhardshof 1-4

4.5 Bergstraße und Odenwald

Haus Fleck (1504) ★

Das **Haus Fleck** wurde 1504 im spätgotischen Stil als Fleisch-schranne errichtet. Hier boten Metzger in offenen Verkaufsständen ihre Ware an. 1923 wurde bei einer Renovierung das damals ver-putzte Fachwerk freigelegt.

Adresse: Hauptstraße 48

„Zum neuen Wolf"/Schlinkenstube (1575) ★

Das dreigeschossige Renaissance-Fachwerkhaus ist eines der ältesten Wohnhäuser Bensheims. Es hat ein teilweise massives Erdgeschoss. Der Rest zeigt Fachwerk aus der Renaissancezeit, teilweise mit für Süddeutschland typischen Wilder Mann-Formen, sowie geschwungene Feuerböcke und Andreaskreuze. Die Obergeschosse kragen hervor. Das Gebäude ist mit einem Krüppelwalmdach gedeckt.

Adresse: Schlinkengasse 7

Wirtshaus zum Hirsch (um 1490) ★

Das 'Wirtshaus Zum Hirsch' wurde 1490 im spätgotischen Stil erbaut, ist eines der ältesten Häuser der Stadt und laut Infotafel nahezu unverändert erhalten geblieben. Die Fenster sind allerdings neueren Datums. 1518 übernachtete hier Götz von Berlichingen, nachdem er die Stadt eingenommen hatte.

Adresse: Markt 3

Rathaus (1706) ★ ★ 📄

Nach der Zerstörung des 1551 errichteten Vorgängerbauwerks im Pfälzischen Erbfolgekrieg von 1693 wurden auf das erhalten gebliebene Erdgeschoss in den Jahren 1705-06 zwei Fachwerketagen aufgesetzt, die allerdings erst 1910 von ihrer Schieferverkleidung befreit wurden. Die interessante Gliederung mit verputztem Erdgeschoss mit Sandsteinelementen, zwei Fachwerketagen mit komplexem Muster und einem Schieferdach, über den ein verschieferter Turm mit dem Zifferblatt einer großen Turmuhr hinausragt, trägt heute zum ansprechenden Erscheinungsbild ein. Das Rathaus ist zudem von anderen Fachwerkgebäuden pittoresk eingerahmt.

Adresse: Großer Markt 1

Altes Rathaus (1484) ★★ 🗋

Am **Rathaus** von Michelstadt ist in gotischen Ziffern zu lesen, dass es im Jahr 1484 erbaut wurde. Es zählt zu den bedeutendsten spätmittelalterlichen Fachwerkgebäuden Deutschlands. Zu den besonderen Merkmalen gehört das steile Dach, die hohen spitzen Erkertürmchen und die offene Erdgeschosshalle mit den wuchtigen dunklen Eichenpfosten. Der Name des Architekten ist nicht überliefert. Die Fassade hat sich im Laufe der Zeit verändert. 1743 wurde sie verschindelt, 1903 das Fachwerk wieder freigelegt. Die Uhr an der Westfassade kam erst 1892 hinzu.

Adresse: Marktplatz 1

Alte Kellerei (1557) ★

Das ehemalige, heute als Wohnhaus genutzte Amtsgebäude mit dem giebelseitig verschieferten Krüppelwalmdach wird auf einer Infotafel an der Fassade als ‚*Alte Kellerei*' bezeichnet.

Adresse: Auf dem Berg 4/6

7 weitere Häuser in Südhessen

Zwingenberg

Ehemaliger Walder-dorffer Hof (1395), Obergasse 30		Der ehemalige Adelshof wurde bereits 1395 errichtet. Das baugeschichtlich wertvolle Wohngebäude zählt zu den ältesten Fachwerkbauten Südhessens.

Dieburg

Zucker-straße 4 (1384)		Das Haus Zuckerstraße 4 wurde 1384 in Ständerbauweise errichtet und ist der älteste erhaltene Fachwerkbau der Stadt. Es zeigt einfache gotische Fachwerkstrukturen.

Ortenberg

Herz-Schiff-Haus, 17. Jahrhundert, Schloss-straße 1		Das in der Barockzeit gebaute Haus zeigt ein deutlich vorkragendes Obergeschoss und ein Mansarden-Walmdach.

Rüdesheim

Brömser-hof (16./17. Jahrhundert), Oberstraße 29		Einst Stammsitz der Familie Brömser von Rüdesheim. Zur Anlage gehört ein Fachwerkturm mit vier schiefergedeckten spitzen Seitentürmchen.

Steinau/Straße

Märchen-haus, Brüder Grimm Str.38 und **Hutten-sches Hospital** (16. Jh), Brüder Gr. Str.84	 Das Fachwerkhaus wurde 2019 mit 9 Holzplatten des Künstlers Wolf Dieter Hess, die Märchenmotive zeigen, verkleidet.	 Nach Abriss des 1384 errichteten Bürgerspitals im 16. Jahrhundert von Meister Asmus umgebaut: heute Café-Restaurant.	

Wächtersbach

Altes Rathaus (1495), Am Rosengarten 42		Eines der ältesten Gebäude Wächtersbachs. Erdgeschoss einst offene Kaufhalle. Obere Etagen bis 1927 Stadtverwaltung. Seit 1968 Heimatmuseum.

Quellennachweis:

Bilder: Richard Deiss, Jörg Berkes (Witzenhausen)

Texte: Informationen zu den Texten:

Gebäude mit **Wikipedia-Artikel** sind im Text mit 🖺 gekennzeichnet, diese Artikel wurden fast immer genutzt. Oft wurden auch Wikipedia-Listen zu Kulturdenkmalen in Städten genutzt.

Bad Orb, schmalstes Haus
https://www.bad-orb.info/media/attraktionen/kleinstes-haus

Felsberg, Alte Bäckerei
https://wissenschaft.hessen.de/hessischer-denkmalschutzpreis-preisgekroente-objekte/fachwerkhaus-der-alten-baeckerei-in-felsberg

Fritzlar, Haus Seibel
https://world-qr.com/inhalte/new/qr-fuehrer/de/hessen/schwalm_eder_kreis/ortsfuehrer/stadtfuehrer_fritzlar/fritzlar_haus_seibel?lat=0&lng=0

Hadamar, Rathaus, Duchscherer-Haus
https://www.hadamar.de/kultur-tourismus/sehenswuerdigkeiten/fachwerk

Lich, Finger-Haus
https://www.giessener-allgemeine.de/kreis-giessen/lich-ort848773/jahre-achtaeltestes-fachwerkhaus-hessens-steht-lich-1420-begann-13936029.html

Idstein
https://www.idstein.de/tourismus/baukunst-geschichte/fachwerk/

Michelstadt, Historisches Rathaus
https://www.michelstadt.de/tourismus-kultur/sehenswuerdigkeiten/altstadt/historisches-rathaus/

Tann, Elf-Apostelhaus
https://tann-rhoen.de/tourismus-und-kultur/sehenswuerdigkeiten/sehenswuerdigkeiten/das-elf-apostel-haus